Ex Libris

Der Kleine TaschenFreund

MIX
Aus verantwortungsvollen Quellen
FSC® C022120
FSC
www.fsc.org

ISBN 978-3-649-62595-7

Hafenweg 30, 48155 Münster, Germany

Redaktion: Kai König

Textsatz: Internetlitho, Münster

Printed in Slovakia

www.coppenrath.de

Josef, wir brauchen ein Neues Testament!

Fortsetzung folgt

Mit Illustrationen von Thorsten Saleina

COPPENRATH

Inhalt

Die Woche zwoundfünfzig

von Martin Suter

Schon seit Beginn der Woche achtundvierzig steht auf dem Empfangspult ein Adventsgebinde, das die Rezeptionistin möglicherweise selbst gesteckt hat. Möglicherweise alleinerziehende Mutter. Möglicherweise Waldspaziergang. Schläfli will es nicht wissen!

Zu Beginn der Woche neunundvierzig spiegelt sich dann auch prompt die erste Kerze so festlich in den erwartungsvollen Augen der Rezeptionistin, daß Schläfli nicht umhin kann, eine Bemerkung zu machen. „Ah, jede Kerze anders“, murmelt er und rettet sich in den Lift. Mein Gott, auch noch jede Kerze anders! denkt er angewidert. Für den Rest der Woche gelingt es ihm dann aber einigermaßen, die

Anzeichen auf die Woche zwoundfünfzig zu ignorieren.

In der Woche fünfzig wird das schwieriger wegen der Festtagswünsche: Er erhält künstlerische Karten mit dem Hinweis, daß das Unternehmen des Absenders, statt Weihnachtsgeschenke zu verschicken, einen namhaften Betrag an eine wohltätige Organisation verschickt hat, und verschickt ebensolche, dieses Jahr Rolf Knie/Rotes Kreuz.

Am folgenden Montag brennt die dritte Kerze in der Rezeption. Eine unansehnliche feldgraue. Wahrscheinlich Kerzenziehen 1991. Zum ersten Mal konfrontiert er sich bewußt mit dem Wort „Weihnachtsgeschenke", um die Wirkung zu testen, im Selbstversuch. Das Resultat ist beunruhigend, aber noch nicht verheerend. Es gelingt ihm ohne besondere Anstrengung, das Wort für den Rest des Tages zu verdrängen.

Am Freitagabend der Woche einundfünfzig begegnet ihm im Lift der erste Mann mit einem Weihnachtspäckchen. Von Frauen ist er sich diesen Anblick seit Woche fünfundvierzig gewohnt. Eine Frau mit einer Plastiktasche, aus der Päckchen mit Bändelchen und Mäschchen und Sternchen und Engelchen hervorblitzen, bedeutet noch nicht den Ernstfall. Aber Keller, ein an sich normaler, brauchbarer Abteilungsleiter ohne Illusionen, mit einem deutlich sichtbaren Geschenkpaket? Davor konnte er nicht mehr die Augen verschließen.

„Hat jemand Geburtstag?“ fragt er ihn noch, ohne große Hoffnung. Keller lächelt höflich, wie wenn Schläfli eines seiner Vorgesetzter-im-Lift-Witzchen gemacht hätte, und antwortet: „Das letzte Weihnachtsgeschenk. Jetzt habe ich alle, Gott sei Dank.“ Noch im Lift ergreift Schläfli Panik. Lilly! Bis Ladenschluß rennt er kopflos vor glitzernden Auslagen auf und ab, ohne auch nur den Ansatz einer Idee, was er Lilly schenken könnte. Lilly, seiner Frau, die sich um alle Weihnachtsgeschenke kümmert. Außer um ihr eigenes. Lilly!

Am ersten Tag der Woche zwoundfünfzig, als zum ersten Mal vier Flämmchen in jedem Auge der Rezeptionistin leuchten, hat Schläfli die Idee: Er spricht mit Frau Hermann, seiner langjährigen Sekretärin. „Haben Sie eine Idee für meine Frau?"
Frau Hermann schaut ohne Überraschung von ihrem Dossier auf. „Was haben wir für ein Budget? Letztes Jahr waren es dreitausend."
Am nächsten Tag klingelt bei Lilly Schläfli das Telefon. „Ich fürchtete schon, er kauft dieses Jahr selber etwas", sagt sie erleichtert, „wie hoch ist das Budget?"
„Dreidrei", antwortet Frau Hermann.
„Ich hab was für dreisiebenfünfzig, das kriegen Sie durch."
„Sein Budget für Sie, Frau Hermann, ist übrigens zweihundert, finden Sie da etwas?"

Zwei Spatzen auf dem Dach

von Anne Maier-Schäfer

Der Platz gehörte ihnen. Seit Generationen bewohnten sie die alte Scheuer. Morgens und abends saßen sie oben auf dem Dachfirst, schnäbelten miteinander und übersahen das Land.
Keine Besonderheiten!
Der Winter zog ein.
Was sollte auch hier passieren?
Ein Bettler oder ein Wanderer übernachtete manchmal im Stroh. Und der Ochs und der Esel, die in der Scheune ihren Schlafplatz hatten, nahmen solch ungebetenen Gast als angenehme Abwechslung hin.

Aber –
was jetzt passierte, das war zu viel für die kleinen Sperlinge. Da kam ein Mann und noch ein Mann und dann eine Frau.
Im Stall entstand eine Unruhe. Nicht zu fassen!
Der Dicke verschwand.
Dann Ruhe. –
Dann ein Stöhnen, ein Schrei, ein lautes Weinen.
Ein Kind war geboren.
Die beiden Spatzen vergaßen zu zwitschern, so aufregend war das Geschehen unter ihnen. Nur der Ochs und der Esel schauten immer gleich ruhig durch die Scheune.

Dann kamen Engel von oben, sangen und musizierten. Und vom Wald her zogen die Hirten. Sie hatten Geschenke in den Händen und legten sie dem kleinen Neugeborenen zu Füßen.
Nein, irgendetwas war da ganz anders. Ihr Spatzenherz war voller Fragen. Sie flogen vom First

herunter in den Stall. Im Gebälk hinter Ochs und Esel ließen sie sich nieder. Das war ein guter Platz.
Das Kind wäre Gottes Sohn?
So sangen die Engel!
So sagten die Hirten beim Weggehen.
Deswegen die Aufregung?
Der Lichterglanz?
Und die Geschenke?
Da kamen sogar drei Könige und brachten auch ihre Huldigung dar. Gold, Weihrauch, Myrrhe, so wie es sich für Könige geziemt!

Ganz beschämt saßen die Spatzen in ihrem Winkel und überlegten, wie auch sie dem Kind eine Freude bereiten könnten. Nichts fiel ihnen ein.
Etwas vorsingen? Im Kanon vielleicht? Ihr Zwitschern war ja gar nichts gegen den Gesang der himmlischen Heerscharen.
Und was Leckeres zum Essen suchen? Nein, Würmer und Käfer sind wohl nichts für so ein kleines Kind.

Ochs und Esel hatten es gut. Sie wärmten das Kind mit ihrem gewaltigen Hauch, dass es ganz rosige Backen davon bekam.
Da waren ein paar Fettfliegen unterwegs. Dauernd versuchten sie, auf der Nase des Kindes Platz zu nehmen. Der Spatz stupste seinen Kumpel und sagte:
„Komm, schau dir diese Biester an, können sie nicht das kleine Kind in Ruhe lassen? Komm, wir schnappen sie uns." Sie flogen los und holten sich die Plagegeister.
Und das Kind bedankte sich mit einem reizenden Lächeln, so wie nur ein göttliches Kind sich lächelnd bedanken kann.
Da setzten sich die beiden Spatzen zwischen Ochs und Esel. Hier konnten sie alles übersehen.
Und wenn so eine freche Fliege das Kind ärgern wollte, wups, waren die Spatzen schon unterwegs. So hielten sie den Stall frei von lästigen Fliegen, bis die Heilige Familie nach Ägypten musste.

Jetzt sitzen beide wieder oben auf dem First der alten Scheuer, schauen in die Ferne, ob vielleicht wieder ein Mann und eine Frau kämen und ein Kind – eine Heilige Familie – und sie als Fliegenfänger dienen könnten.

Endlich erwachsen

von Lars Klaaßen

Weihnachten ist spätestens mit dem Beginn der Pubertät eine uncoole Angelegenheit. Die Feiertage gemeinsam mit den Eltern unterm Baum zu verbringen erst recht. Umso besser, wenn man erst mal erwachsen ist und der Verwandtschaft ganz souverän erklären kann, dass es dieses Jahr nichts wird mit einem besinnlichen Besuch in der Heimat. Meine Freundin und ich waren schon so was von erwachsen und abgeklärt, dass wir gar keine Grundsatzdebatte darüber entfachen wollten, wie Familientraditionen solcher Art prinzipiell zu beurteilen seien. Deshalb der grandiose Plan, den Heimattrip einfach um einige Tage vorzuverlegen. Die Verwandten kriegen ihren – also: unseren –

PoL 25Km
BerLin 5000 km

Besuch. Wir entgehen dem Weihnachtsrummel und haben über die Feiertage unsere Ruhe.
Teil eins unseres Plans ist perfekt aufgegangen: Alle waren glücklich und zufrieden. Wir waren bei ihren und bei meinen Eltern, hatten eine angenehme Zeit ohne Besinnlichkeitsstress. Es gab nicht einmal versteckte Vorwürfe, dass wir vor der Zeit schon wieder abreisten. Wir stiegen am 24. Dezember vormittags zufrieden ins Auto. Weg von der Heimat, ab nach Hause. Nach Berlin. Läppische 400 Kilometer und wir könnten absolut entspannte und ruhige Tage verbringen. Endlich mal erwachsen Weihnachten verbringen.
Das Blitzeis kam dann auf der Autobahn sehr schnell und unerwartet. Nichts ging mehr. Also runter auf die Landstraße und dort langsam weiter. Die Weiterfahrt wurde immer langsamer und immer nerviger. Die Stimmung war nach einigen Stunden weder zufrieden noch entspannt. Dass wir noch bis Berlin kommen, glaubten wir beide

nicht mehr. Also ein Hotel gesucht. Da waren wir gerade mal bis Peine gekommen. Ein Ort, dessen Aura zum Namen passt.
Die ersten drei Hotels – und andere Etablissements – waren schlicht geschlossen. Dann fanden wir das „Stadthotel". Ein Zimmer war noch frei. Trocken und warm hatten wir's schon mal. Nur mit dem Weihnachtsessen gab's ein kleines Problem – „Garni". Aber wie sich das bei einer Weihnachtsgeschichte gehört, erhielten wir noch mildtätige Gaben: Wir bekamen – obwohl das im Hotelbetrieb nicht vorgesehen war! – jeder zwei Bockwürstchen und eine Scheibe Graubrot. Anschließend konnten wir im Hotelzimmer noch auf unseren Proviant zurückgreifen: Eine ganze Packung Mon Chéri rundete das weihnachtliche Fernsehprogramm und unser eisiges Schweigen ab. Dass im Laufe des Abends die angeschickerte Verwandtschaft auf dem Handy anrief und neben den üblichen Grüßen auch noch sarkastische Er-

heiterung übermittelte, trug nicht dazu bei, die Stimmung im Stadthotel Peine zu heben.
Im darauffolgenden Jahr sind wir dann über Weihnachten sicherheitshalber gleich bei den Verwandten geblieben. So richtig erwachsen ist man schließlich erst, wenn man es nicht mehr nötig hat, sich bemüht von den Eltern abzugrenzen.

Verhinderte Weihnachten

(Ein altes Kinderspiel, renoviert)

von Erich Kästner

Zunächst verteile man die schönsten Rollen:
Der Gustav eignet sich – weil er mutiert –
zum Weihnachtsmann. Valeska bäckt die Stollen,
indem sie Semmeln mit Rosinen ziert.

Als Mutter lässt sich Frieda gut gebrauchen.
Denn sie ist dick und trägt bereits Frisur.
Und Karl muss Vater sein. Denn Karl kann rauchen.
Und außerdem besitzt er eine Uhr.

Die andern Kinder können Kinder bleiben.
Sie dürfen kratzen, Nase ziehn und schrein
und dürfen gern ein bisschen übertreiben.
Auch heulen dürfen sie. Doch nur zum Schein.

Dann werden die Rouleaus herabgelassen,
damit es dunkel wird und draußen schneit.
Der Karl muss öfters an den Ofen fassen
und murmeln: „O du liebe Weihnachtszeit!"

Und dann darf Gustav in das Zimmer treten.
Als Weihnachtsmann. Mit einem weißen Bart.
Und brummen muss er: „Könnt ihr denn auch beten?
Damit ich sehe, ob ihr artig wart!"

Da müssen alle Kinder schrecklich lachen
und rufen: Gustav sei kein Weihnachtsmann!
Mit ihnen wäre so was nicht zu machen!
Da geht dann Gustav wieder nebenan.

Jetzt müssen beide Eltern furchtbar zanken:
Pfui! Das erleben sie zum ersten Mal!
Und solche Eltern könnten sich bedanken!
Und solche Kinder wären ein Skandal!

Zum Schluss muss Karl sich möglichst ernst gebärden,
und man muss spüren, dass er es beklagt:
„Da unsre Kinder täglich klüger werden“
– erklärt er – „wird die Feier abgesagt.“

Die Baumfrage

von Fabienne Pakleppa

Zuallererst ging uns der Weihnachtsmann verloren. Der Echte. Falsche gab es als Dutzendware an jeder Straßenecke, entweder standen Verkleidete bimmelnd herum oder sie hingen als Puppen zu mehreren an den Häuserwänden wie Leute, die aufs Dach wollen und sich dabei besonders ungeschickt anstellen, es gab sogar welche, die kopfüber die Passanten angrinsten. Es wurde eine galoppierende Seuche, ab Sommerferienende tauchten die ersten Weihnachtsmänner auf, die schokoladigen, bald konnte man nirgends mehr hinschauen, ohne dass diese Typen einem ins Auge sprangen, kurz vor Fasching verschwanden die letzten, auch die schokoladigen, die man für ein paar Cents weniger verramschte. Dass nicht

mal die Kinder mehr daran glauben mochten, leuchtete jedem ein, trotzdem taten die Zuständigen rein gar nichts, um die Seuche einzudämmen, im Gegenteil, sie behandelten die Menschen wie Junkies, die ständig höhere Giftdosen brauchen, um überhaupt noch etwas zu spüren, überschwemmten den Markt mit Weihnachtsfrauen, Weihnachtssexygirls, Weihnachtsbabys, Weihnachtsdackeln, Weihnachtselefanten und so weiter, dann mussten sich die Benutzer öffentlicher Verkehrsmittel noch rote Kapuzen mit Glöckchen anstatt Wollmützen auf den Kopf setzen. Damit war der arme Kerl für uns definitiv erledigt. Endgültig verstorben, so tot, dass wir nicht mal mehr mit den Zähnen knirschten. Die ganze Chose juckte uns einfach nicht mehr, nichts davon tat mehr weh, wir waren immun geworden.

Privat feierten wir noch. Trotz des gastronomischen Zerfalls in der Familie. Obwohl jeder zweite Kalorien zählte, jeder dritte Vegetarier wurde, jeder vierte das Trinken aufgab, jeder fünfte zuckerkrank war, jeder sechste kein Fett mehr vertrug und jeder siebte sich am Vortag bei irgendeiner Betriebsfeier den Magen verdorben hatte und sowieso keiner mehr Bock hatte, zu backen oder stundenlang in der Küche herumzustehen. Hier fanden wir eine gute Lösung: Die Feier wurde auf acht Uhr abends verschoben, sodass jeder genug Zeit hatte, bei sich daheim etwas zu essen oder eben gar nichts zu essen, je nachdem, dann trudelten wir nach und nach zur Bescherung und allgemeinen Küsserei bei Tante Suse und Onkel Alfred ein. Dort gab es einen Tannenbaum und für das leibliche Wohl ganze Berge von gekauften Knabbereien, salzige und süße, für jeden Geschmack etwas: Demeter-Meeressalzstangen, von den banalen Paprikachips bis zum Papadamkrabbenbrot oder wie das Zeug heißt, Dresdner Stollen und Baumkuchen vom Feinkost um die Ecke, für die Kinder Dominosteine und Schokoherzen von Aldi. Die Auswahl an Getränken war durchaus anständig, damit konnte man sich vor der Mitternachtsmesse friedlich betrinken, wer lieber nüchtern blieb, labte sich halt am selbst gepflückten Lindenblütentee, pastellfarbenem Zuckerblubberwasser und allerlei anderen Placebos.

Dann wurde der Tannenbaum abgeschafft. Nicht auf einmal, das hätten wir niemals durchgehen lassen. Es war eine schleichende, heimtückische Entwicklung, die begann, als Tante Suse die roten Kerzen durch weiße ersetzte. Wegen der möglichen Wachsflecken, erklärte sie, die roten seien nie mehr aus den Textilien zu entfernen, die weißen könne man immerhin niederbügeln. Angeblich tropfen Baumkerzen immer, obwohl auf der Packung steht, dass es sich dabei um tropffreies Qualitätsmaterial handelt, das man bitte an den Hersteller zurückschicken müsse, falls man nicht hundertprozentig damit zufrieden sei. Tante Suse wollte aber keine halb abgebrannte rote Kerze als

Beweisstück einpacken und zurückschicken, sie wollte ab sofort nur noch weiße Kerzen, denn abgesehen von der Fleckengefahr seien sie viel eleganter. Da richteten sich unsere gesamten Haare zu Berge. Die eleganten Dinge sind alle des Teufels, sie sind grundsätzlich unpraktisch, teuer, zerbrechlich oder unbequem, oft all das zusammen und noch Schlimmeres obendrauf. Auf einem eleganten Stuhl in eleganter Kleidung unter eleganten Leuten zu sitzen hat meist Foltercharakter, erschwerend kommt hinzu, dass einem im rundherum eleganten Ambiente vor all den schön gedrechselten leeren Sätzen die Spucke wegbleibt oder das raffinierte Happychappi im Hals stecken bleibt, ganz zu schweigen davon, dass man sowieso von dem gekünstelten Schnickschnack nicht satt wird und hinterher zur Erholung dringend eine Currywurstbude aufsuchen muss, was Heiligabend zum Problem werden kann, denn die meisten Würstchenbuden haben zu, und man schon

enorm ortskundig sein muss, um noch eine offene zu entdecken.
Wir hätten die weißen Kerzen nicht zulassen dürfen. Hätten wir geahnt, was danach kommen würde, wäre jeder von uns mit knallbuntem Wachsmaterial erschienen und hätte darauf bestanden, dass es auf den Baum gesetzt wird. Und zwar alles. Dann wäre es nicht notwendig gewesen, vulgär zu werden, wie es später im Affekt geschah, als wir Tante Suse sagten, dass sie sich von uns aus ihren kümmerlichen, substanzlosen Restbaum wohin stecken könnte, wofür wir aber umgehend um Entschuldigung baten, denn verbaler Tiefschlag ist wirklich nicht unsere Art. Hätten wir nicht den Ernst der Lage verkannt, wäre die anfängliche Missstimmung niemals bis zur emotionalen Lawine eskaliert, dann wäre es uns gewiss gelungen, Tante Suse rechtzeitig und in aller Ruhe mitzuteilen, dass wir in Zukunft nur zu kommen gedächten, wenn alles rückgängig ge-

macht würde. Hätten wir uns von vornherein traditionsbewusst gegeben, wäre uns ein langer, schmerzvoller Weg erspart geblieben, wobei wir keineswegs Suse allein dafür verantwortlich machen möchten. Wenn sie nicht diejenige welche gewesen wäre, die den Anstoß zur Runderneuerung der Weihnachtszeit gab, hätte es wahrscheinlich ein anderer unter uns gemacht. Es lag halt in der Luft, dass die Dinge nicht weiterlaufen konnten wie bisher, der Wandel hatte schon mit dem Verschwinden des Weihnachtsmannes begonnen, er war unaufhaltsam.
Was bei uns privat geschah, ging relativ rasch. Erst die weißen Kerzen, dann weiße Kugeln und Lametta, im nächsten Zug wurden die Kerzen durch eine Lichterkette ersetzt, dann durch eine blinkende Lichterkette, fünf Jahre später war der Baum so gut wie weg. Von einer zimmerhohen Fichte über eine halb so hohe Nordtanne wurde von Suse das Wintergrün systematisch bis zum

Bonsaiformat hinuntergeschrumpft, am Schluss stand nur noch ein Minibaumunikat auf dem Gabentisch, und es war uns nach Heulen zumute – statt in Tränen zu zerfließen, sagten wir dann den vulgären Satz, den wir nicht wiederholen möchten.

Tante Suse war nach einer kleinen Anstandsschmollpause durchaus bereit, unsere Entschuldigungen anzunehmen, unter einer Bedingung. Die nächste Feier sollte bei einem von uns stattfinden. Wir waren sofort einverstanden, keiner mochte in Unfrieden zu der gesegneten Zeit verharren, außerdem schien das ein Jahr im Voraus gar kein Problem zu sein. Es wurde aber eins. Weil sich jeder drückte. Ungefähr die Hälfte der Verwandten mit dem miesen Vorwand, dass man dies Jahr gar nicht feiern, sondern verreisen wolle. Der eine nach Jamaika, der andere nach Südtirol in die Skihütte, der dritte zur Fotosafari nach Kenia, die restlichen Pläne haben wir vergessen, jedenfalls sagten plötzlich die anderen, die noch übrig blieben, dass sie irgendwo eingeladen waren oder vorhatten, die Nacht meditierenderweise zu verbringen, sodass es am Schluss aussah, als seien wir, mein Bruder und ich, allein mit Tante Suse und Onkel Alfred, und da wir ein gegebenes Versprechen als bindend betrachten, luden wir sie Heiligabend zu uns in die WG ein.

Wir wollten sogar kochen. Für vier Leute ist ein Truthahn ein bisschen zu viel des Guten oder eher des Schlechten, bei der Menge Antibiotika und Hormone, die in die Viecher reingepumpt wird, der Haken bei der Gans war schon die Stopfleber, mit den Enten hatten wir eine Frage, nämlich ob es stimmt, dass die Flugente vom Himmel runtergeschossen wird. Am Biohuhn schien nichts verkehrt zu sein, abgesehen vom Preis, doch es ist nicht jeden Tag Weihnachten. Gebacken haben wir den ganzen Dezember durch, weil plötzlich andere Verwandte anriefen, um zu sagen, dass sie ihre Reisen storniert hatten oder dass der Meditationstermin geplatzt war, und als sie von unseren Plätzchen hörten, mussten sie uns alles nachmachen. Nun ja, das Biohuhn hätte nicht für alle gereicht, die sich nach und nach anmeldeten, also wurde es gestrichen. Um es gleich zu sagen, außer den circa hundertfünfzig verschiedenen Sorten Keksen gab es Kartoffelsalat mit Wiener Würstchen aus dem Glas. Es war Onkel Alfred, der uns darauf brachte, als er sagte, dass man früher bei ihm daheim nie etwas anderes gegessen hatte. Dazu gab es Bier, Rotwein, Schnaps und Limo für die Kinder, mehr nicht. Da wir nur Senfgläser hatten, und nicht genug davon, besorgten wir noch eine Menge Pappbecher, auch Pappteller und Plastikbesteck. Was soll's, der gute Wille zählt. Wegen der Geschenke hatten wir uns etwas Geniales einfallen lassen: nichts Gekauftes! Jeder sollte eine nette Kleinigkeit oder mehrere von sich aussuchen und sie schön verpacken, fertig. Nur

den Baum haben wir in der Hektik insgesamt vergessen, doch das war nicht dramatisch, weil wir ihn nirgends hätten aufstellen können, so voll war das WG-Gemeinschaftszimmer.
Davon gibt es ein Erinnerungsfoto. Darauf sitzen dreißig bis vierzig Verwandte am Boden mit Papptellern auf dem Schoß zwischen den Geschenken, die sie mitgebracht hatten. So muss es damals ungefähr in Bethlehem ausgesehen haben, mit Kebab statt Würstchen. Tante Suse meint, es sieht aus, als hätte eine Bombe eingeschlagen. Trotzdem will sie, dass wir nächstes Jahr wieder die Feier organisieren. Wir werden sie in den Wald verlegen. Hiermit ist die Baumfrage geklärt.

Das Weihnachtsfest des Leberecht Hühnchen

von Heinrich Seidel

Die Lichter des Tannenbaumes brannten allmählich herunter und vermengten schon mit Knistern und Puffen Nadeln und kleine Zweige, sodass zuletzt ein allgemeines wetteiferndes Ausblasen begann und das ganze Zimmer sich mit Weihnachtsduft erfüllte. Während wir dann in behaglichem Geplauder beieinandersaßen und die Kinder sich eifrig mit ihren neuen Schätzen abgaben, nahte die Zeit des Abendessens heran, und Hühnchen verschwand in geheimnisvoller Weise auf eine halbe Stunde. Als er dann wieder eintrat, kam durch die geöffnete Tür eine Wolke von köstlichem Punschgeruch mit ihm; wir begaben

uns in das andere Zimmer zum Essen und taten dem vortrefflichen Karpfen und dem nicht minder guten Getränk alle Ehre an.
„Das Rezept zu diesem Weinpunsch habe ich von meinem Freund Bornemann", sagte Hühnchen. „Dieser gab in jedem Winter seinen guten Bekannten drei Punschabende, weil er selber dieses Getränk so außerordentlich liebte. Ich war gewöhnlich der erste, der kam, und fand ihn dann regelmäßig an dem gedeckten, mit allerlei guten Sachen besetzten Tisch, und vor ihm stand eine ungeheure Punschbowle. Er sah ernst und nachdenklich aus und hatte schon einen ziemlich roten Kopf. ‚Lieber Freund', sagte er dann, ‚es freut mich, dass du kommst, denn ich bedarf deines Urteils. Ich sitze nun schon seit einer Stunde und probiere ein Glas nach dem anderen, ohne zu einem anderen Resultat zu kommen, als dass der Punsch gut ist. Trotz aller Aufmerksamkeit kann ich zu keiner anderen Ansicht gelangen; was sagst

du?‘ Ich trank dann und antwortete: ‚Wunderbar, wie immer!‘ ‚Dies beruhigt mich sehr‘, sagte er dann, ‚diese Bestätigung meines eigenen Urteils tut mir wohl.‘ Dann schlürfte er bedächtig ein neues Glas leer und fuhr fort: ‚Ja, du hast recht, ich habe das Meinige getan, nun tut ihr das Eure.‘ Jedoch es gelang uns nie, in gemeinschaftlicher Arbeit auf den Grund dieser ungeheuren Bowle zu gelangen, aber wenn wir uns mit schweren Köpfen entfernt hatten, saß Freund Bornemann wie eine Eiche, schweigend und einsam, und rauchte und trank, bis er den Boden des Gefäßes sah. Dann schaute er melancholisch in den geleerten Abgrund, seufzte ein wenig und ging zu Bett.“

Der Major war unterdes ziemlich unruhig geworden und hatte schon mehrfach versucht, seinen etwas geschwätzigen Hauswirt in dem sanft dahinfließenden Strom seiner Rede zu unterbrechen. Hühnchen riss das Gespräch aber immer wieder an sich; jedoch als er begann, von lieben

Gewohnheiten zu sprechen und über die süße Macht des Herkommens und ständiger Gebräuche an gewissen Tagen sich in begeisterter Rede zu verbreiten, da räusperte der Major sich so stark und anhaltend und machte so energische Versuche, seinen Keil in eine Lücke des Gespräches zu treiben, dass Hühnchen endlich schwieg und ihn zu Wort kommen ließ.

„Ja, über die Macht der Gewohnheit“, sagte er, „habe ich eine höchst merkwürdige Erfahrung gemacht. Als ich noch Platzingenieur in Pillau war, da hatten wir da einen Baugefangenen, der Kerl war zu zwanzig Jahren verurteilt und hatte sich immer ganz gut geführt. Na, eines Tages war seine Zeit abgelaufen, da sagten wir zu ihm: ‚Du bist nun frei, du kannst nun gehen.‘ Da erschrak der Kerl aber furchtbar und bat sehr: ‚Ach, lassen Sie mich doch hier, wo soll ich denn hin, ich kenne ja niemanden in der Welt.‘ Ja, wir hatten Mitleid mit ihm und ließen ihn sitzen in seiner alten Zelle, an die er sich gewöhnt hatte, und beschäftigten ihn, so gut es ging. Da saß er denn und schnitzte Pfähle zum Befestigen der Rasenböschungen und schnitzte immerzu Pfähle und war ganz vergnügt. Das dauerte eine ganze Zeit und ich wurde darüber versetzt in eine andere Garnison. Ja."

Der Major sah uns eine Weile mit seinen hellen Augen freundlich an, und als er bemerkte, dass wir noch etwas zu erwarten schienen, fuhr er fort: „Als ich dann nach einigen Jahren wieder mal nach Pillau kam und mich nach dem Kerl umsehen wollte, da war er gar nicht mehr da. Da war er gar nicht mehr da. Ja."

Eine Geschichte von höchst merkwürdiger Wirkung. Wenn man sich einbildet, man habe noch einen tüchtigen Schluck in seinem Glas, und dann plötzlich findet, dass es vollkommen leer ist, so erzeugt dies ähnliche Empfindungen. Das Fräulein mit der vornehmen Vergangenheit schien aber diesen Mangel nicht zu fühlen, sondern lauschte den Erzählungen des Majors mit sichtlicher Aufmerksamkeit und verfehlte nicht, sie am Schluss regelmäßig mit einem „Sehr interessant" oder „Höchst geistreich" zu kritisieren. Da solches dem Major wohl selten vorzukommen pflegte, so tat es ihm besonders wohl und bestärkte ihn in der günstigen Meinung, die er von der Klugheit und ungewöhnlichen Bildung dieser Dame bereits gefasst hatte, sodass er nicht umhinkonnte, bei solcher Gelegenheit unter heftigem Drehen des linken Schnurrbartes aus seinen hellen runden Augen ungemein wohlwollende Blicke auf sie zu richten. Schließlich ward er durch solchen ungewohnten Beifall ganz entfesselt und begann, Manöver- und Exerzierplatzgeschichten zu erzählen, die zuweilen weder Hinten noch Vorn noch eine Mitte hatten, und fing an, schrecklich zu lügen, zum Beispiel von dem Leutnant Besenried, der so ungeheuer lang war: „Wenn ich vor ihm stand, da sah ich immer bloß Knöpfe, und wollte ich ihm ins Gesicht blicken, da war es so, als wenn man nach der Kirchturmuhr sieht. Aber das kann ich Ihnen versichern, Sie mögen es nun glauben oder nicht, wir hatten in der Kompanie einen Kerl, der war noch länger. Der Kerl hieß Kiekebusch und war aus Dramburg. Wenn er gesessen hatte und aufstand, dauerte es immer beinahe fünf Minuten, bis er ganz oben war."

Das regte nun Hühnchen wieder an, aus dem Schatz seiner Erfahrungen ähnliche Geschichten heraufzuholen, zum Beispiel die von dem eisernen Ofen, den er erfunden hatte, der nur des Morgens einmal aufgezogen zu werden braucht, wonach er auf Gummischuhen so lange in der Stube umherläuft, bis er warm geworden ist, sich dann in die Ecke stellt und heizt. Oder von dem Mausefallentier auf Borneo, dem die Natur einen Odem verliehen hat, der gar lieblich nach gebratenem Speck duftet, wodurch es die Mäuse, die ihm zur Speise dienen, in seinen Rachen lockt. Während nun die beiden also sich anlogen, ward es Frau Lore allmählich zu viel von dieser Sorte, und sie brachte ein wenig Musik in Vorschlag. Dies wurde von allen Seiten mit Vergnügen aufgenommen, und das Fräulein musste trotz allen Sträubens ans Klavier, nachdem es sich herausstellte, dass sie Noten mitgebracht hatte.

Weihnachten

von Kurt Tucholsky

Nikolaus der Gute
kommt mit einer Rute,
greift in seinen vollen Sack –
dir ein Päckchen – mir ein Pack.
Ruth Maria kriegt ein Buch
und ein Baumwolltaschentuch,
Noske einen Ehrensäbel
und ein Buch vom alten Bebel,
sozusagen zur Erheiterung,
zur Gelehrsamkeitserweiterung …
Marloh kriegt ein Kaiserbild
und 'nen blanken Ehrenschild.
Oberst Reinhard kriegt zum Hohn
die gesetzliche Pension …

Tante Lo, die, wie ihr wisst,
immer, immer müde ist,
kriegt von mir ein dickes Kissen. –
Und auch hinter die Kulissen
kommt der gute Weihnachtsmann:
nimmt sich mancher Leute an,
schenkt da einen ganzen Sack
guten alten Kunstgeschmack.
Schenkt der Orska alle Rollen
Wedekinder, kesser Bollen –
(Hosenrollen mag sie nicht:
Dabei sieht man nur Gesicht …).
Der kriegt eine Bauerntruhe,
Fräulein Hippel neue Schuhe,
jener hält die liebste Hand –
und das Land? Und das Land?
Bitt ich dich, so sehr ich kann:
Schenk ihm Ruhe –
lieber Weihnachtsmann!

KÜCHE

Die Gans immer am Ersten

von Claudia Keller

4. Januar

Liebe Paula,
heute habe ich den Tannenbaum abgeschmückt und auf den Müll geworfen, er nadelte bereits zwischen den Jahren so sehr, dass ich Mühe hatte, ihn über Silvester zu retten, und jetzt kommt mir das Wohnzimmer wie in jedem Jahr ohne ihn merkwürdig groß und kahl vor.
Benno maulte herum und erwähnte, dass man bei ihm zu Hause die Weihnachtsbäume immer bis zum 28. Januar stehen ließ, weil da irgendwer Geburtstag hatte und man die Lichtlein dann noch einmal anzünden konnte. Dann verließ er den

Raum und murmelte verdrießlich vor sich hin, dass ja in diesem Hause immer alles nur für „fünf Minuten“ angeschafft und dann auf den Müll gehauen werde, da man ja einen Dummen gefunden habe, der den Blödsinn bezahle. Dabei ist es nicht etwa der Baum, an dem er hängt (er würde nicht viel vermissen, glaube ich, wenn wir keinen hätten), es sind vierundfünfzig Deutsche Mark, die ich erst mit Kugeln behänge und dann auf den Mist werfe, noch ehe sie sich amortisiert haben.
Entschuldige die lange Epistel über Benno und sein zwiespältiges Verhältnis zu Weihnachtsbäumen, aber er war zwischen den Jahren zu Hause und nervte mich mehr als gewöhnlich.
Die Weihnachtstage verliefen im Ganzen gesehen wie immer. Pünktlich drei Tage vor Heiligabend rief Änne an und wünschte das Programm zu erfahren (sie richtet sich da immer ganz nach mir – sagt sie!), vor allem, wer an welchen Tagen wo speise und mit welcher Reihenfolge von Gän-

gen man anlässlich der verschiedenen Feiern zu rechnen habe. Ich hörte, dass über dieser schwerwiegenden Frage schon große Familienfehden ausgebrochen seien und dass der Teil der Sippe, der über die unersetzlichen Kleinkinder verfüge (zu den Feiertagen sind sie so gefragt wie nie!), sich, zwischen den einzelnen Bescherungen hin und her hastend, das Herz aus dem Leibe freuen müsse.

Ich traf Anita, die herzige Mutter aus dem Kindergartenverein, heute in der Gemüseabteilung des Supermarktes, und sie zog einen Kleinen hinter sich her, der wie die stark gealterte Karikatur seiner selbst aussah.

„Um Gottes willen, was ist mit ihm geschehen?", fragte ich.

„Ach, zu Weihnachten ist er immer überfordert", sagte Anita und betrachtete ihn bekümmert. „Er ist das einzige Kind einer weitverzweigten Familie, die es ablehnt, sich gemeinsam vor dem Weihnachtsbaum zu versammeln. Alle wollen ‚ihr Kind' sozusagen exklusiv genießen." Sie bückte sich und hob ihren Kleinen in den Einkaufswagen, wo er sich mit stumpfem Blick neben den Bananen niederließ.

„Am 24. nachmittags waren wir bei meiner Tante", sagte Anita. „Kaffee, Kuchen und Bescherung. Anschließend hetzten wir zu meinen Eltern: Festessen und Bescherung. Und am ersten Feiertag kamen meine Eltern und am zweiten seine und zwischen den Jahren all die anderen Verwandten. Der Kleine musste täglich Überstunden machen, und gestern war es dann so weit, dass er beim Anblick eines verspätet eingetroffenen Päckchens in Tränen ausbrach."

Sie winkte mir zu, und ich sah ihr nach, wie sie mit hängenden Schultern Richtung „Teigwaren" verschwand.

Also, was diesen ganzen Zirkus betrifft, so bin ich Mutter wirklich dankbar, dass sie zu Weihnachten

in den Staaten bleibt und keinerlei Interesse an deutscher Christmas zeigt, denn allein mit Änne und dem friedlichen Tantchen bin ich vollkommen ausgelastet.
Diesmal teilte Änne mir mit, dass sie sich nun doch entschlossen habe, einen neuen Herd zu kaufen, und aus diesem Grunde gern sehe, dass die Gans diesmal am ersten Feiertag und bei ihr gegessen werde. Sie komme dafür am Heiligen Abend und am zweiten Feiertag zu uns. Tantchen sagte, sie habe sich darauf gefreut, die Gans wie immer am Ersten bei uns zu essen und sich dafür am Zweiten mit einem festlichen Abendessen in ihrem Haus revanchieren zu wollen. Benno sagte, er habe sich eigentlich gedacht, dass wir Änne am 24. nachmittags kurz besuchen und am Heiligen Abend endlich mal allein wären, es würde doch reichen, wenn wir uns dann am Ersten sähen, und überdies weigere er sich, den ganzen Abend nüchtern in den Baum glotzen zu müssen, nur weil er

wieder mitten in der Nacht Auto fahren müsse. Ich schlug vor, dass Änne bei uns übernachten solle, aber sie sagte, dass es ihr dann zu spät werde, wo sie doch am Ersten morgens die Gans braten wolle.

Ich sagte, ob es nicht das Beste sei, wenn sie am Heiligen Abend und am ersten Feiertag bei uns bliebe und wir dann am Zweiten bei ihr die Gans äßen, aber sie sagte, das sei nichts, denn die Weihnachtsgans werde immer am Ersten gegessen, und außerdem sei man am Zweiten gewöhnlich zu vollgefressen, als dass man sie noch genügend zu würdigen wisse. Töchterchen Lil teilte mir mit, dass sie am Zweiten nirgendwohin ginge, weil sie in irgendeinem alten Kino Jazz dancen werde. Benno sagte, es sei ihm vollkommen egal, wo wir was äßen, wir sollten nur alle zur Kenntnis nehmen, dass er vorhätte, am Heiligen Abend endlich einmal etwas zu trinken, und anschließend bestimmt in kein Auto mehr stiege.

Änne sagte, ihr sei es einerlei, was wir machten, und sie richte sich da ganz nach uns, aber es könne doch wohl niemand übers Herz bringen, sie am Heiligen Abend ganz allein in ihrer leeren Wohnung sitzen zu lassen. Außerdem wolle sie auch hören, wie der Kleine beim Anblick ihres Geschenkes in Jubel ausbräche. Tantchen rief an und piepste, sie werde sicher nicht mehr lange leben, und deshalb sei es doch wohl nicht zu viel verlangt, wenn wir alle am Zweiten zum Abendessen zu ihr kämen, und dass sie auch Lil gern bei sich sähe, wo doch Weihnachten sei und Lil immer noch Jazz dancen könne, und im Übrigen schlage sie vor, dass wir die Gans wie immer am Ersten bei uns äßen. Es sei doch eine so schöne Tradition. Am Heiligen Abend nachmittags würde sie uns jedoch (in Anbetracht der Tatsache, dass ihre Weihnachtsfeste gezählt seien) gern bei sich begrüßen, um mitzuerleben, wie der Kleine ihr Geschenk auspacken und in Jubel ausbrechen werde, wenn er es sähe.

Am Abend vor dem Fest hatten wir uns nach etlichen Telefongesprächen mit Tantchen und Änne und nach etlichen Debatten in der Familie, Tenor: „Ich richte mich ganz nach euch, nur …“ schließlich geeinigt: Tantchen und Änne kamen am Heiligen Abend beide zu uns und ließen sich anschließend mit dem Taxi nach Hause fahren, und am Ersten trafen wir uns dann alle bei Änne zum Gänseessen und am Zweiten zu einem frühen festlichen Mittagessen bei Tantchen, sodass auch Lil anwesend sein konnte und trotzdem noch rechtzeitig zu ihrem Jazz-Dance-Auftritt kam.
Tantchen war ein bisschen pikiert, weil wir Lils wegen schon um halb zwölf essen mussten und keiner das vortreffliche Menü so recht zu würdigen wusste, weil wir noch vom Frühstück bis zum Stehkragen vollgestopft waren. Als wir uns dann am Zweiten abends endlich in Ruhe vor unserem teuren Tannenbaum trafen und die Reste verspeisten, die Änne und Tantchen uns eingepackt hat-

ten, bemerkte Benno, er möchte mal wissen, wozu wir uns eigentlich an sämtlichen Feiertagen in Räumen aufhalten müssten, in denen kein Baum geschmückt sei. Er sagte dies in einem Ton, als ob Änne und Tantchen meine Verwandten und ihr Widerwille gegen Christbäume im eigenen Wohnzimmer mein alleiniges Verschulden sei.

Ich finde, nebenbei bemerkt, dass einem Weihnachtszimmer ohne Christbaum jeglicher Zauber fehlt, und werde mich im kommenden Jahr weigern, ein solches zu betreten. Aber das schwöre ich mir zu jedem Fest.

Sollte es Dich nach dieser strapaziösen Schilderung, wer wann bei wem zum Essen war, noch gelüsten zu erfahren, wo wir Silvester gefeiert haben, so vernimm dies: Lil war mit Georg, der Pickelhaube, auf einer wahnsinnig wichtigen Party, der Kleine feierte im Traum, und Änne, Tantchen, Benno und ich saßen vor der Mattscheibe, auf der sich Tony Marshall und Co. hüftschwingend,

sektglasgrüßend, liedersingend wie verrückt amüsierten. Ich betone, dass jeder vor seiner eigenen Glotze saß, nur Benno und ich zusammen vor einer.
Wir hielten es gemeinsam mit der munteren Fernsehtruppe bis fünf nach zwölf aus, und dann küssten wir uns (ich meine, Benno und ich küssten uns), und weißt Du, was die ersten Worte waren, die Benno im neuen Jahr zu mir sagte?
Er warf mir einen beleidigten Blick zu und sagte: „Das Scheißding nadelt schon!“
Ich denke, Du weißt, dass er nur den Baum damit meinte. (Ich beziehe in letzter Zeit alles auf mich!)
Frohes neues Jahr,
Deine Lisbeth

Die lustige Weihnacht

von James Krüss

Heute tanzen alle Sterne,
und der Mond ist blank geputzt.
Petrus in der Himmelsferne
hat sich seinen Bart gestutzt.

Überall erklingt Geläute,
fröhlich schmückt sich groß und klein,
und die Heiligen tragen heute
ihren Sonntags-Heil'genschein.

Es ertönen tausend Flöten,
tausend Kerzen geben Glanz.
Und die würdigen Kometen
wedeln lustig mit dem Schwanz.

Hinterm Zaun im Paradiese,
gar nicht weit vom Himmelstor,
musiziert auf einer Wiese
auch der Engelskinderchor.

Ihre roten Tröpfelnasen
putzen sich die Kleinen schnell,
und dann singen sie und blasen
auf Fanfaren silberhell.

Jedes Jahr um diese Stunde
singen sie nach altem Brauch.
Alle Sterne in der Runde
lauschen – und die Menschen auch.

Manchmal aber, leise, leise,
wird der Chor der Engel stumm,
und im ganzen Sternenkreise
geht ein sanftes Flüstern um.

Dann erscheinen sieben Schimmel,
zärtlich ruft es: „Hüh und hott!"
Und gemächlich durch den Himmel
fährt daher der liebe Gott.

Da verstummen alle Lieder,
und die Engel machen fix
mit gefaltetem Gefieder
vor dem Herrgott einen Knicks.

Alle goldenen Sternenherden
drehn sich still dazu im Tanz.
Und im Himmel wie auf Erden
leuchtet Weihnachtskerzenglanz.

Weihnachten in der Speisekammer

von Paula Dehmel

Unter der Türschwelle war ein kleines Loch. Dahinter saß die Maus Kiek und wartete.
Sie wartete, bis der Hausherr die Stiefel aus- und die Uhr aufgezogen hatte; sie wartete, bis die Mutter ihr Schlüsselkörbchen auf den Nachttisch gestellt und die schlafenden Kinder noch einmal zugedeckt hatte; sie wartete auch noch, als alles dunkel war und tiefe Stille im Hause herrschte. Dann ging sie.
Bald wurde es in der Speisekammer lebendig. Kiek hatte die ganze Mäusefamilie benachrichtigt.

Da kam Miek, die Mäusemutter, mit den fünf Kleinen, und Onkel Grisegrau und Tante Fellchen stellten sich auch ein.
„Frauchen, hier ist etwas Weiches, Süßes“, sagte Kiek leise vom obersten Brett herunter zu Miek, „das ist etwas für die Kinder“, und er teilte von den Mohnpielen aus.
„Komm hierher, Grisegrau“, piepste Fellchen und guckte hinter der Mehltonne vor, „hier gibt's Gänsebraten, vorzüglich, sag ich dir, die reine Hafermast; wie Nuss knuspert sich's.“ Grisegrau aber saß in der neuen Kiste in der Ecke, knabberte am Pfefferkuchen und ließ sich nicht stören.
Die Mäusekinder balgten sich im Sandkasten und kriegten Mohnpielen. „Papa“, sagte das größte, „meine Zähne sind schon scharf genug, ich möchte lieber knabbern, knabbern hört sich so hübsch an.“
„Ja, ja, wir wollen auch lieber knabbern“, sagten alle Mäusekinder, „Mohnpielen sind uns zu mat-

schig“, und bald hörte man sie am Gänsebraten und am Pfefferkuchen.
„Verderbt euch nicht den Magen“, rief Fellchen, die Angst hatte, selber nicht genug zu kriegen, „an einem verdorbenen Magen kann man sterben.“
Die kleinen Mäuse sahen ihre Tante erschrocken an; sterben wollten sie ganz und gar nicht, das musste schrecklich sein. Vater Kiek beruhigte sie und erzählte ihnen von Gottlieb und Lenchen, die drinnen in ihren Betten lägen und ein hölzernes Pferdchen und eine Puppe im Arm hätten; und dass in der großen Stube ein mächtiger Baum stände mit Lichtern und buntem Flimmerstaat und dass es in der ganzen Wohnung herrlich nach frischem Kuchen röche, der aber im Glasschrank stände und an den man nicht herankönnte.
„Ach“, sagte Fellchen, „erzähle nicht so viel, lass die Kinder lieber essen.“ Die aber lachten die Tante mit dem dicken Bauch aus und wollten noch viel mehr wissen, mehr als der gute Kiek selbst wusste.

Zuletzt bestanden sie darauf, auch einen Weihnachtsbaum zu haben, und die zärtlichen Mäuseeltern liefen wirklich in die Küche und zerrten einen Ast herbei, der von dem großen Tannenbaum abgeschnitten war. Das gab einen Hauptspaß. Die Mäusekinder quiekten vor Entzücken und fingen an, an dem grünen Tannenholz zu knabbern; das schmeckte aber abscheulich nach Terpentin, und sie ließen es sein und kletterten lieber in dem Ast umher. Schließlich machten sie die ganze Speisekammer zu ihrem Spielplatz. Sie huschten hierhin und dorthin, machten Männchen, lugten neugierig über die Bretter in alle Winkel hinein und spielten Versteck hinter den Gemüsebüchsen und Einmachtöpfen; was sollten sie auch mit dem dummen Weihnachtsbaum, an dem es nichts zu essen gab! Als aber das Kleinste ins Pflaumenmus gefallen war und von Mama Miek und Onkel Grisegrau abgeleckt werden musste, wurde ihnen das Umhertollen untersagt, und sie mussten wieder artig am Pfefferkuchen knabbern.

Am andern Morgen fand die alte Köchin kopfschüttelnd den Tannenast in der Speisekammer und viele Krümel und noch etwas, was nicht gerade in die Speisekammer gehört, ihr werdet euch schon denken können, was!
Als Gottlieb und Lenchen in die Küche kamen, um der alten Marie guten Morgen zu wünschen, zeigte sie ihnen die Bescherung und meinte: „Die haben auch tüchtig Weihnachten gefeiert."
Die Kinder aber tuschelten und lachten und holten einen Blumentopf. Sie pflanzten den Ast hinein und bekränzten ihn mit Zuckerwerk, aufgeknackten Nüssen, Honigkuchen und Speckstückchen. Die alte Marie brummte; da aber die Mutter lachend zuguckte, musste sie schon klein beigeben. Sie stellte alles andre sicher und ließ den kleinen Naschtieren nur ihren Weihnachtsbaum.

Die Kinder aber jubelten, als sie am zweiten Feiertage den Mäusebaum geplündert vorfanden, und hätten gar zu gern auch ein Dankeschön von dem kleinen Volke gehört.
Das aber lag unter der Diele und verdaute. „Den guten Speck vergess ich mein Leben lang nicht“, sagte Fellchen, und Grisegrau biss eine mitgebrachte Haselnuss entzwei; Kiek und Miek aber waren besorgt um ihre Kleinen, die hatten zu viel Pfefferkuchen gegessen, und ihr wisst, liebe Kinder, das tut nicht gut!

Tomte Tummetott

von Astrid Lindgren

Nun ist es Nacht. Der alte Bauernhof schläft. Es schlafen alle, die dort wohnen. Der Bauernhof liegt tief im Walde. Vor langer Zeit kam ein Mann in den Wald und rodete ihn und baute dort ein Haus. Wer es war, weiß niemand mehr.

Die Sterne funkeln am Himmel, der Schnee leuchtet weiß, es ist bitterkalt. In einer solchen Nacht geben die Menschen acht, dass das Feuer im Herd nicht erlischt.

Auf dem einsamen alten Hof schlafen jetzt alle, außer einem …
Tomte Tummetott.

Tomte Tummetott ist wach. Er wohnt in einem Winkel auf dem Heuboden, und nur des Nachts, wenn die Menschen schlafen, kommt er hervor. Alt ist Tummetott, uralt. Viele hundert Winter hat er erlebt. Wann er auf dem Hof einzog, weiß niemand.
Doch alle wissen, dass er dort wohnt. Wenn die Menschen am Morgen erwachen, finden sie seine winzigen Fußstapfen im Schnee, aber niemand hat Tummetott je gesehen.
Auf leisen Sohlen schleicht Tummetott im Mondlicht umher.
Er wacht über seinen Hof. In Scheune und Stall, in Speicher und Schuppen, überall schaut er hinein. Er huscht hierhin und dorthin und hinterlässt winzige Fußstapfen im Schnee.

Zuerst trippelt er zum Kuhstall. Dort ist es dunkel und warm.
Die Kühe muhen leise. Sie träumen vom Sommer und von der Weide. Tummetott spricht zu ihnen.

Wichtelworte raunt er ihnen zu: „Viele Winter und viele Sommer sah ich kommen und gehen. Geduld nur, Geduld! Der Frühling ist nah."

In den Pferdestall scheint der Mond hinein. Dort drinnen steht der Braune und schnaubt leise. Er träumt von der Wiese, wo er im Sommer trabte. Tummetott spricht zu ihm. Wichtelworte raunt er ihm zu: „Viele Winter und viele Sommer sah ich kommen und gehen. Geduld nur, Geduld! Bald trabst du wieder über die Wiese und durch den Wald."

Die Schafe und Lämmer schlafen. Sie träumen von Gras und Klee.
Als Tomte Tummetott durch die Stalltür schlüpft, blöken sie leise.
Er spricht zu ihnen. Wichtelworte raunt er ihnen zu: „Viele Winter und viele Sommer sah ich kommen und gehen. Eure Wolle schützt euch vor Käl-

te und Schnee und die Krippe ist voll mit Laub und Heu."

Behutsam tapst er zum Hühnerstall. Die Hühner auf den Stangen gackern leise. Sie träumen von Hof und Feld. Tummetott spricht zu ihnen. Wichtelworte raunt er ihnen zu: „Viele Winter und viele Sommer sah ich kommen und gehen. Geduld nur, Geduld! Bald scharrt ihr wieder auf Hof und Feld."

Auf der Hundehütte liegt dicker Schnee. Dort wacht Karo jede Nacht und wartet auf seinen Freund Tummetott. Und Tummetott kommt. Er spricht zu ihm. Wichtelworte raunt er ihm zu: „Karo, mein Freund, noch weht dir der Schnee in die Hütte. Doch bald wärmt dir die Sonne das Fell."

Im Haus ist es still. Die Menschen schlafen und ahnen nicht, dass Tummetott auch zu ihnen kommt und über sie wacht.

Und Tummetott denkt: Viele hundert Jahre hab ich hier über Menschen gewacht, aber noch nie hat mich jemand von ihnen gesehn.

Auf Zehenspitzen huscht Tummetott zum Bett der Kinder.
Er sieht sie lange an und denkt: Alle Kinder wünschen, mich einmal zu sehen. Doch nachts, wenn ich komme, schlafen sie fest. Immer werden sie träumen von mir, doch wenn sie erwachen, bin ich schon fort.

Tummetott schleicht wieder hinaus. Und am Morgen finden die Kinder seine Fußstapfen im Schnee.

Tummetott stapft heim zur Scheune, wo er in einem Winkel auf dem Heuboden wohnt. Dort im Heu liegt die Katze und wartet, dass er ihr Milch bringt.

Tummetott spricht zu ihr. Wichtelworte raunt er ihr zu: „Ich weiß, du hast Durst. Hier bring ich dir Milch. Nun trinke und schnurre und schlafe im Heu.“

Der Winter ist lang und dunkel und kalt. Und Tummetott wünscht sich Sonne und Licht. Er denkt: Viele Winter und viele Sommer sah ich kommen und gehen. Kehrten doch bald die Schwalben zurück! Zöge doch bald der Sommer ins Land!
Aber noch liegen Hof und Wald in tiefem Schnee.
Am Himmel funkeln die Sterne. Es ist bitterkalt.
In einer solchen Nacht geben die Menschen acht, dass das Feuer im Herd nicht erlischt.
Auf dem einsamen alten Hof schlafen jetzt alle, alle außer einem …
Tomte Tummetott.

Winter und Sommer kommen und gehen. Jahr folgt auf Jahr.

Solange auf dem alten Hof mitten im Walde Menschen wohnen, so lange geht Tummetott Nacht für Nacht dort auf leisen Sohlen umher und wacht.

Der Traum

von Hoffmann von Fallersleben

Ich lag und schlief; da träumte mir
ein wunderschöner Traum:
Es stand auf unserm Tisch vor mir
ein hoher Weihnachtsbaum.

Und bunte Lichter ohne Zahl,
die brannten ringsumher;
die Zweige waren allzumal
von goldnen Äpfeln schwer.

Und Zuckerpuppen hingen dran;
das war mal eine Pracht!
Da gab's, was ich nur wünschen kann
und was mir Freude macht.

Und als ich nach dem Baume sah
und ganz verwundert stand,
nach einem Apfel griff ich da,
und alles, alles schwand.

Da wacht ich auf aus meinem Traum,
und dunkel war's um mich.
Du lieber, schöner Weihnachtsbaum,
sag an, wo find ich dich?

Der Weihnachtskrümel

von Thomas Göthel

Und am Ende war da nur noch ein Krümel. Er lag auf meinem Schreibtisch. Ich entdeckte ihn, als ich den Papierkram aufräumte. Das mache ich ganz gerne zwischen Weihnachten und Neujahr. Davor kommt man ja nicht dazu.

Der Krümel hatte Glück. Ich wollte ihn mit der rechten Hand über die Tischkante wischen, während die linke nach dem Mülleimer griff, um den bräunlichen Brösel auf seine letzte Reise zu schicken. Doch ich schnappte ins Leere. Auch das noch! Eines der Kinder hatte sich meinen Büroeimer gekrampft, als an Heiligabend die Berge ausgedienten Geschenkpapiers so hoch geworden waren, dass im Wohnzimmer akute Lawinengefahr

bestand. Plötzlich ging die Angst um. Nicht, dass eine Kerze die instabile Masse entzünden könnte, sondern natürlich, dass nach der Bescherungsschlacht ein Gutschein oder irgendein „schlaues" Telefon nicht mehr aufzufinden wäre. So smart war ein Phone dann doch nicht, dass es sagen könnte: „Hier bin ich!" Klar, es hatte ja auch noch keinen Akku in seinem Bauch.

Es war niederschmetternd. Ich hatte das Fest klaglos über mich ergehen lassen, doch dass ich jetzt nach dem ganzen Zinnober an meinem eigenen Schreibtisch nicht mehr ungehindert aufräumen konnte, das war zu viel. Dunkle Wolken zogen durch meine Ganglien, angetrieben vom eisigen Wind frech gewordener Winterfeiertage, die ohne Erlaubnis die Datumsgrenze überschritten hatten.

„Hey, du Wicht von einem Weihnachtsmann", schimpfte ich, „ausgemacht waren zweieinhalb Tage. Jetzt verzieh dich durch den Schornstein und gib mir meinen Trott zurück!"

Müde setzte ich mich vor meinen Krümel. Wir blickten uns tief in die Augen. An seinem leeren Blick erkannte ich: Er fühlte wie ich. Er war ein anständiger Kerl. Er wollte pflichtbewusst seiner Bestimmung folgen und sich halt verkrümeln. Doch unverschämt ausufernde Festivitäten hinderten ihn daran. „Ich weiß, wie du hierhergekommen bist", sprach ich zu ihm. Vielleicht würde es ihn aufmuntern. „Du bist von meinem Lebkuchen gebröselt, den ich hier am vierten Advent gegessen habe, als ich mal wieder Überstunden geschoben habe."
Der Krümel schwieg zustimmend. Seine ruhige Art war mir auf Anhieb sympathisch. Sie hatte etwas Erhabenes. Ein kleines Schokoladenplättchen glänzte an seiner Flanke. Daran hing ein Teigbröckchen, das die Hälfte eines ebenmäßig geformten Luftbläschens umschloss (die andere Hälfte hatten meine Schneidezähne abgetrennt). Zur anderen Seite hin trug der Winzling einen

Mandelsplitter. Eigentlich war es kaum mehr als ein Körnchen des geschroteten Pflanzenkeimlings, doch würdevoll getragen vom kakaofarbenen Lebkuchenpartikel strahlte es mit der Grazie eines Smaragdes. „Du bist ein formvollendeter Krümel! Wie konnte ich dich nur so lange übersehen?"

Der Krümel strahlte von einer Schokoladenkante zur anderen. Es war ja auch ganz klar, wie mir das passieren konnte: der Weihnachtsstress!

Geschenke kaufen, bis das Konto ein Fall für den Internationalen Währungsfonds ist. Fressalien besorgen, bis der Supermarktleiter bei der Inneren Mission anruft („Wir haben nichts mehr zu essen!"). Menüs kochen, bis Alfons Schuhbeck seinen Rentenantrag stellt. Und falsch singen, bis Justin Bieber sein Jahreseinkommen an den Thomanerchor spendet. Und wozu das alles? Um so lange mit den lieben Verwandten zusammenzusitzen, bis einem die Aussicht auf die nächste Steuerprüfung tröstlich vorkommt.

Dieses Jahr brachte Tante Birgitta den Kindern Smartphones mit. Nicht die mit dem Obst drauf, sondern die, die sie gleich neben dem Obstregal gefunden hat. Ich habe nichts gegen Handys, man kann mit ihnen telefonieren. Ich habe auch nichts gegen mobile Mediaplayer, man kann mit ihnen Musik hören. Selbst Navis haben etwas für sich, findet man mit ihnen doch den Weg zur nächsten Mülldeponie. Ich habe jedoch etwas gegen Daddelkisten, die in Kinderhirnen mehr Verwirrung stiften als ein Philosophieseminar unter der Leitung von Heidi Klum.
Es begab sich aber zu jenem Feste, dass die Kinder zwischen ostwestfälischer Jakobsmuschel-Pumpernickel-Creme und altbajuwarischem Crevettenstrudel eine App auf ihren neuen Phones installierten. Eigentlich bekam ich davon kaum etwas mit. Ich sah nur, dass die Kinderaugen leuchtend unter die Tische wanderten und erst wieder auftauchten, als das piemontesische Pfirsich-Praliné-Par-

fait geschmolzen war und die Plempe auf die Touchscreens tropfte. „Iiih" und „Mist" schallte es zu *Wham!* und *Jingle Bells*. „Jetzt hat das Weihnachtsmonster fünf von meinen Lebkuchen gefressen!" Es war unfassbar. Die Kinder spielten zum Jul-Diner eine Weihnachts-App! Um mich zu beruhigen, suchte ich nach einem schönen Gedanken. Der war nicht schwer zu finden. Verglichen mit diesem Kulturschock war die Entfernung meiner Weisheitszähne eine Wellnesskur. Und so malte ich mir noch einmal aus, wie es war, als mir der Kieferchirurg die Zahnwurzeln durchtrennte und dabei die Betäubung versagte. Einfach herrlich!

Mein Brösel hatte es sich bequem gemacht. Gemütlich lag er auf der Tischplatte und strahlte eine Ruhe aus, die ich schon lange nicht mehr erlebt hatte. Dabei erinnerte er mich an etwas. An einen Duft, an eine Beschaulichkeit und an etwas sehr, sehr Heimeliges. „Und du meinst wirklich, dass

man das jetzt noch machen kann, einen Tag nach der großen Feier?" Doch mein Krümel brauchte gar nichts zu sagen. Ich kannte seine Antwort.
Ich griff nach meinem neuen Smartphone. (Hatte ich vergessen zu erzählen, dass Tante Birgitta mir auch so ein Teil geschenkt hatte?) Ich loggte mich in die Weihnachts-App ein, die man im Hausnetz auch interaktiv spielen konnte. (Hatte ich vergessen zu erzählen, dass ich mir zwischen Espresso und Grappa auch die Datei runtergeladen hatte?) Und dann postete ich meinen Kindern: „Wer möchte mir helfen, ein richtiges Lebkuchenhaus zu backen?"
Was jetzt geschah, hatte nichts mehr mit Weihnachten zu tun. Es war, als ginge ein Stern auf, als geschähe ein Wunder, als käme Licht ins Dunkel … Okay, es hatte doch etwas mit Weihnachten zu tun. Wir sendeten es nicht mit unseren neuen Smartphones (die fanden wir eh nicht mehr unter den Bergen von Mehl, Mandeln und Marzipan).

Und wir erzählten es auch sonst niemandem (was würde man wohl von einer Familie halten, die einen Tag nach Weihnachten mit dem eigentlichen Fest beginnt?). Bis Neujahr waren wir für niemanden zu erreichen. Status: abgetaucht. Und am Ende war da nur noch ein Krümel.
Zufrieden setzte ich mich an meinen Schreibtisch. Da lag er noch, der alte Brösel, etwas ergraut, aber genauso erhaben wie zuvor. Er zwinkerte mir zu und ich sagte: „Ich habe dir etwas mitgebracht!"
„Ich weiß", sagte mein Krümel. „Leg ihn hier hin, direkt neben mich!"
Und meinen Kindern untersagte ich strengstens, jemals wieder den Mülleimer zurückzustellen.

Neujahr bei Pastors

von Ludwig Thoma

Mama schöpft aus dem Punschgefäße,
der Vater lüftet das Gesäße
und spricht: „Jetzt sind es vier Minuten
nur mehr bis zwölfe, meine Guten.

Ich weiß, dass ihr mit mir empfindet,
wie dieses alte Jahr entschwindet,
und dass ihr Gott in seinen Werken
– Mama, den Punsch noch was verstärken! –

und dass ihr Gott von Herzen danket,
auch in der Liebe nimmer wanket,
weil alles, was uns widerfahren
– Mama, nicht mit dem Arrak sparen! –

weil, was geschah und was geschehen,
ob wir es freilich nicht verstehen,
doch weise war, durch seine Gnade
– Mama, er schmeckt noch immer fade! –

in diesem Sinne, meine Guten,
es sind jetzt bloß mehr zwei Minuten,
in diesem gläubig frommen Sinne
– Gieß noch mal Rum in die Terrine! –

wir bitten Gott, dass er uns helfe
auch ferner – Wie? Es schlägt schon zwölfe?
Dann prosit! Prost an allen Tischen!
– Ich will den Punsch mal selber mischen."

Quellen

Thomas Göthel, Der Weihnachtskrümel,
© beim Autor

Erich Kästner, Verhinderte Weihnachten,
© Atrium Verlag, Zürich 1929 und Thomas Kästner

Claudia Keller, Die Gans immer am Ersten,
© bei der Autorin

Lars Klaaßen, Endlich erwachsen,
© beim Autor

James Krüss, Die lustige Weihnacht,
aus: James Krüss, Der wohltemperierte Leierkasten,
© 1989 cbj Verlag, München, in der Verlagsgruppe
Random House GmbH

Astrid Lindgren, *Auszug aus:* Tomte Tummetott,
© 1960 Verlag Friedrich Oetinger, Hamburg

Wir danken den Autoren und Verlagen für die freundliche Abdruckgenehmigung. Sollte es dem Verlag trotz intensiver Bemühungen nicht gelungen sein, die Rechteinhaber zu ermitteln, bleiben berechtigte Honoraransprüche erhalten.